Herzverankert

Das Gutscheinbuch für liebenswerte Menschen

Die Hafenprinzessin

Dieses Gutscheinbuch ist für:

Es wird dir geschenkt von:

Bitte löse es in folgendem Zeitrahmen ein:

○   1 Jahr   ○   2 Jahre   ○   unbegrenzt

Impressum

Verantwortlich

Christian Flick / Mathias Weber

youneo projects flick und weber GbR, Poststraße 1, 49326 Melle

info@youneoprojects.de, www.youneoprojects.de

Herstellung und Verlag

BoD - Books on Demand, Norderstedt

Bildquellen

© Oleh Markov/shutterstock (Cover), ddok/shutterstock

ISBN: 9783746056500

Gutschein

für 1 x Rasenmähen

Gutschein

für 1 x Hund ausführen

Gutschein

für 1 x Katze füttern

Gutschein

für 1 x Unkraut jäten

Gutschein

für 1 x Lebensmittel
einkaufen

Gutschein

für 1 x Bier trinken

Gutschein

für 1 x Wein trinken

Gutschein

für 1 x Tannenbaum
schmücken

Gutschein

für 1 x Blumen gießen

Gutschein

für 1 x Auto waschen

Gutschein

für 1 x Hemd bügeln

Gutschein

für 1 x im Wald
spazierengehen

Gutschein

für 1 x Kochen

Gutschein

für 1 x Essen gehen

Gutschein

für 1 x Umarmen

Gutschein

für 1 x Zuhören &
Ratschlag geben

Gutschein

für 1 x Besuch beim
Stadtfest

Gutschein

für 1 x Besuch beim
Weihnachtsmarkt

Gutschein

für 1 x Taxiservice
durch mich

Gutschein

für 1 x Stadtbummel

Gutschein

für 1 x Kaffee trinken gehen

Gutschein

für 1 x Shopping

Gutschein

für 1 x Kinobesuch

Gutschein

für 1 x Lieblingsfilm schauen

Gutschein

für 1 x

Gutschein

für 1 x

Gutschein
für 1 x

Gutschein

für 1 x

Gutschein
für 1 x

Gutschein

für | x

Gutschein

für 1 x

Gutschein
für 1 x

Gutschein
für 1 x

Gutschein

für 1 x

Gutschein
für 1 x

Gutschein

für 1 x

Gutschein
für 1 x

Gutschein
für 1 x

_____

_____

Gutschein
für 1 x

Gutschein

für 1 x

Gutschein

für 1 x

Gutschein

für 1 x

Gutschein

für 1 x

Gutschein
für 1 x

_____

_____

Gutschein

für | x

_____

_____

Gutschein
für 1 x

Gutschein
für 1 x

Gutschein

für 1 x

Gutschein
für 1 x

Gutschein

für 1 x

_____

_____

Gutschein

für 1 x

_____

_____